AF316886

LA LANTERNE D'UN SUSPENDU

PAR

LÉO TAXIL

PRIX : 10 CENTIMES

MARSEILLE

EN VENTE CHEZ TOUS LES LIBRAIRES ET DANS LES KIOSQUES

9 Juillet 1873

LA LANTERNE D'UN SUSPENDU

Marseille, 8 Juillet 1873.

Réjouissez-vous, Roux et Magnan! Cloches de la *Gazette* et du *Citoyen*, sonnez à toutes volées.

Car, bonheur depuis si longtemps désiré, perspective si souvent rêvée, la *Jeune République* est suspendue.

Suspendue !

La pauvrette l'était, dès sa naissance ; elle l'était sur le bord d'un abîme qu'on appelle « l'état de siége.» Retenue par un fil ; ce fil, le grand sabre de

M. Espivent, qui coupe comme un rasoir, l'a coupé, et l'ex-*Marotte* a roulé au fond du précipice. Elle n'en sortira pas de trois mois.

Versons une larme, deux larmes même.

Mais ne récriminons pas.

La loi, c'est... la loi. L'autorité, c'est. . l'autorité. Et ce n'est pas moi, morbleu ! qui m'insurgerai contre la loi, encore moins contre l'autorité.

Je sais que beaucoup trouvent un peu raide qu'une suspension pareille vous tombe comme ça sur le nez, sans crier «gare», au moment où l'on s'y attend le moins : je leur fais grâce de leurs compliments de condoléances. Quant à ceux qui pensent que ce n'est pas assez pour un sacripant de mon espèce, ils sont bien bons ; je les remercie de la sympathie qu'ils me témoignent.

Il y en a d'autres qui doivent dire au contraire que le général Espivent est allé trop loin en me suspendant : ceux-là, je les embrasse du fond du cœur. Ce sont ceux qui n'auraient pas voulu me voir suspendu, mais seulement pendu.

Ne vous est-il jamais arrivé, lecteur, de recevoir un pavé sur la tête?

Si oui, vous comprendrez facilement la stupéfaction profonde qui s'est emparée de moi mercredi, lorsque j'ai lu dans les journaux du matin l'arrêté de l'état de siége me concernant.

« Comment ! me suis-je écrié — avec tant de force que mon gérant en est devenu sourd, — comment ! si les articles incriminés de la *Jeune République* sont à ce point subversifs, pourquoi ne s'en aperçoit-on que quatre jours après leur apparition ?»

De deux choses l'une : ou l'autorité les avait lus depuis le samedi matin; ou elle n'en a eu connaissance que par les ravages terribles qu'ils ont causés.

Dans le premier cas, le général n'a pas trouvé d'abord ces articles dangereux, et alors, n'étant pas du tout connaisseur en cette matière, il ferait mieux de laisser la surveillance de la presse à ce cher M. Limbourg qui s'y entend fort, comme on sait.

Dans le second cas, notre grand chef militaire s'est montré bien peu soucieux de la vie des citoyens commis à sa garde, puisqu'il a préféré se promener au Prado qu'empêcher dès le début notre numéro 85 de lancer sur les Marseillais des articles aussi explosibles.

(Voilà un dilemme dont je défie bien M. Espivent de se tirer. A moins toutefois que, nouvel Alexandre, il ne tranche avec son épée ce petit nœud gordien. Chose qui lui serait très-facile ; argument que je trouverais on ne peut plus convaincant ; réponse raisonnable devant laquelle je m'inclinerais avec toute la grâce dont je pourrais être capable.)

Ceci dit entre parenthèses, arrivons aux désastres occasionnés par le dernier numéro de la *Jeune République* :

— 1° Dans la journée du samedi, un vieux monsieur, qui se trouvait assis sur un banc des Allées à côté d'un lecteur de notre journal, s'est trouvé subitement pris d'une attaque de nerfs et d'un vomissement de vermicelles par le nez, qui n'ont duré pas moins de dix minutes. Sitôt que la malencontreuse feuille a été ployée par son propriétaire et renfermée, l'attaque et le vomissement ont cessé.

— 2° Dimanche, un facteur rural ayant laissé tomber un exemplaire de la susdite *Jeune République* dans une terre labourée de Saint-Barnabé, une légion considérable de sauterelles s'e t à l'instant même abattue sur la province de Constantine, et en même temps un paysan de Château-Gombert qui avait un nez à la Parmentière a vu sa femme dévorée en un clin d'œil par quarante-huit punaises.

—3° On connaît maintenant la véritable cause de l'incendie de l'Alcazar, d'abord attribué à l'explosion d'un pétard (erreur!) ; ensuite au caractère hargneux et à la gourmandise prononcée du chien du piston de l'orchestre (erreur encore!). Ce sinistre est tout bonnement dû à notre collaborateur Sibilot qui, se promenant ce jour-là dans les coulisses et y méditant sa lettre au shah de Perse, a eu l'imprudence d'éternuer bruyamment, ce qui a déterminé l'inflammation immédiate de la scène et de l'établissement.

—4° Depuis quelques jours, l'ami Bourelly maigrissait d'une façon inquiétante. Vendredi, il alla voir le docteur qui lui ordonna un lavement à la graine de lin. Le clystère fut pris ; mais, ô fatalité ! le malheureux, ayant aussitôt après signé nos exemplaires du dépôt, rendit à la stupéfaction, générale d'honnêtes fabricants de clovisses qui se trouvaient là.., devinez-quoi?.. Un ruisseau de pétrole! Ce liquide insurrectionnel, s'étant répandu aussitôt dans les environs d'Endoume, y détruisit les nombreuses récoltes de blé et de chicorée que de braves habitants s'apprêtaient à moissonner.

—5° Etc.

— 6° Etc., etc., etc.,

Après une telle énumération de malheurs sur_
venus par notre faute, il faudrait pour plaindre notre sort avoir l'entêtement d'un Trochu ou le cœur
sensible d'un Jules Favre.

Moi-même, je ne puis en l'état qu'approuver la
décision du général « dont la haute sagesse est
au dessus de tous éloges » et je me vois forcé de
dire comme l'impératrice Eugénie après les confidences de M. Devienne :

« Ma foi ! il ne me reste plus qu'à prendre mon
mâle en patience. »

Je dois avouer que sur le coup je suis resté
bleu, autant et plus que le *Sémaphore* qui veut paraître rose ; je me suis demandé ce que je pourrais bien faire pendant ces trois mois de vacances
forcées et quels moyens d'existence il faudrait me
procurer.

Un moment, j'ai pensé à profiter de la grève des
mitrons pour m'enrôler chez le premier boulanger

venu ; mais ce n'était pas le moyen de me sortir du pétrin.

J'ai songé aussi à embrasser la noble profession de marchand de contremarques ; mais c'eût été faire encore concurrence à cet estimable M. Beysson.

Tout bien considéré, il n'était pas une carrière qui me fut ouverte. Il ne me restait plus qu'à me faire recruter par quelque Fontana ou à vagabonder comme un simple mendiant de la quatorzième catégorie : l'idée que je pourrais, dans ces deux cas, être arrêté ou ramassé et mis à l'ombre avec quelque carliste convaincu, me fit abandonner ce dernier projet.

Et je résolus de ne pas déserter le drapeau de la littérature.

Or, comment suivre cette inspiration ?

En réapparaissant avec mes collaborateurs dans un journal publié sous un nom plus ou moins quelconque ? — Allons donc, le général l'aurait saisi et interdit, avec raison.

Admettons qu'il ne le fît pas, c'eût été essayer de tourner la loi, et celle-ci est trop large pour qu'on la tourne avec autant de facilité.

Donc, j'ai prié Sibilot, Danderi, Ergasile, An-

goulevent et *tutti quanti* d'aller prendre les eaux
pendant trois mois, me réservant de faire paraître
de temps à autre, mais à des intervalles très irré-
guliers, de petites brochures pour rassurer mes
amis sur ma vitalité et leur indiquer que je n'ai pas
été encore avalé par cet autre Rouvier qui signe
Caribert au *Citoyen*.

Puissent la gendarmerie à pied, les sœurs Claris-
ses, le général Espivent et tous les Saints du Pa-
radis ne pas voir dans ce pamphlet rédigé par moi
seul, le prolongement de la rue de la *Jeune République* !

Cela est un souhait, et pas autre chose.

Je sais trop bien que si les personnes ci-dessus
désignées veulent prendre *ma Lanterne* pour une
vessie, personne au monde, pas même l'éloquent
père Didon, ne pourra les en dissuader.

Qu'il est beau d'être prefet par le temps qui
court.

Tenez, moi, par exemple si j'avais l'avantage d'être désigné pour remplacer M. Limbourg, dont les opinions radicales sont connues des Martigues à Concarneau, je saurais me faire valoir avec une avalanche d'arrêtés tous plus épatants les uns que les autres.

Je passerais ma semaine à m'en faire une bosse.

LUNDI. — Tous les ateliers seront fermés jusqu'à dix heures du matin, la population étant tenue ce jour-là de se rendre en pélerinage à N.-D. de la Garde.

MARDI. — Par ordre, les boulangers ne pourront fabriquer du pain qu'en forme de croix ou de fleur de lys, sous peine d'écartélement et de pendaison.

MERCREDI. — Interdiction de tous les journaux qui ne donneront pas le saint et l'évangile du jour, ainsi que le rituel et la couleur de la chasuble revêtue par le prêtre à l'autel.

JEUDI. — Les mariages faits ailleurs qu'à l'église sont déclarés nuls, et les enfants qui en sont nés, naturalisés esquimaux.

VENDREDI. — Défense expresse aux accoucheuses d'aider les libres-penseuses en travail, et peine de mort contre ceux qui se diraient matérialistes avant d'avoir atteint l'âge de quatre-vingt-dix-ans.

Samedi. — Réunion ordonnée du conseil municipal pour décider si c'est quarante mille francs, ou trente neuf mille neuf cent quatre-vingt-dix-neuf francs de fusils qui doivent être expédiés à Santa-Cruz.

Dimanche. — Arrestation de toutes les personnes trouvées en possession d'un mouchoir à carreaux rouge et déportation immédiate en Patagonie.

Le Gouvernement trouverait peut-être que je vais un peu trop loin ; mais que de fidèles béniraient mon nom et m'appelleraient *Flambeau de la Foy* !

Les gens les plus vexants sont les gens curieux, qui veulent fourrer leur nez partout, sans s'inquiéter s'ils gênent les autres.

On les appelle des importuns, des gêneurs.

A la Chambre, il y a beaucoup de ces gens-là ; ils siégent tous à gauche, et c'est de la Montagne surtout que partent les questions les plus indiscrètes,—je dirais même les plus saugrenues, si je ne craignais d'être poursuivi pour outrages à des fonctionnaires publics.

Une agréable distraction en chemin de fer consiste à couper avec un canif les coutures du pantalon du voisin qui dort; ce passe-temps honnête a l'avantage de causer aussi au *décousu* un plaisir extraordinaire lorsqu'il vient pour sortir de la gare.

Ce doit être quelque député de la gauche qui l'a inventé: car, je le répète, ces représentants sont des gêneurs de première force.

Ne s'avisent-ils pas, depuis quelques jours, de demander au gouvernement d'accuser son programme d'une manière nette et précise? C'est comme si j'allais demander à un joueur de Bourse quel est le coup qu'il est en train de méditer. Messire l'agioteur m'enverrait poliment à la balançoire.

De même, le gouvernement, s'il comprend bien ses intérêts, enverra les gauchers à Lourdes pour voir s'il n'y pousse pas de navets.

Je vous demande un peu pour quel motif M. de Broglie leur dirait quelle conduite il est dans l'intention de tenir. Et quand même il les mettrait dans ses confidences, de combien de millimètres cela ferait avancer la roue du char de la République.

D'ailleurs, M. Ernoul ne s'est jamais caché pour proclamer que « le *Syllabus* était la plus grande pensée du siècle. » Là où nous allons donc, c'est au *Syllabus*, comme qui dirait au pôle Nord (en admettant que le bon sens et la raison se trouvent au pôle Sud).

Les Gustave Lambert qui dirigent cette belle expédition nous feront bien arrêter dans les mers glaciales de Mac-Mahon ; mais il faut espérer que cette station sera courte et ne retardera pas notre marche de plus de cinq minutes.

Pour eux, comme pour le capitaine Hatteras, le pôle Nord est une idée fixe,. le *Syllabus* est une toquade. En mourant, ils regarderont le Septentrion ; à l'agonie, ils murmureront : « Anathème à ceux qui disent que les Ignorantins ne sont pas impeccables ! Anathème à ceux qui nient que Cicéron, le plus grand orateur romain, a fait ses études chez les Jésuites ! ! ! »

Parlons un peu de ce brave Clément Laurier.

Il vient de passer décidément à droite ; il s'est fait inscrire à la réunion des orléanistes.

Ce qui n'empêche pas M. Gambetta d'aller toujours lui serrer la main ; c'est ainsi que *l'ex-dictateur* espère sauver la République.

M. Gambetta est un politique profond. Et M. Laurier aussi.

M. Laurier s'est dit : « Si la monarchie a le dessus, j'aurais mon petit portefeuille ; si la démocratie surnage, l'ami Gambetta me casera bien quelque part. »

Et avec ça, M. Laurier a la prétention de représenter les électeurs du Var. Absolument comme M. Jean Brunet représente ceux de la Seine. Absolument comme M. de Bismark, au Reischtag, représenterait les habitants de Metz ou de Strasbourg.

Dans cette période de quiproquos, je ne m'étonnerais plus si l'on nommait M. Changarnier enfant de troupe et l'abbé Magnan académicien.

Dernière nouvelle. — Il est bruit que M. Albert Wolf, dit le Prussien du *Figaro*, se rendant à Cannes, organiserait dans notre ville une fête pour envoyer à Berlin une grande quantité d'horlogers français chargés de remonter les pendules qui nous ont été volées pendant la guerre, et dont les allemands ne comprennent pas trop le mécanisme.

A ce propos, je me permettrai d'éditer l'ordre du jour que le général Espivent a fait lire dans les casernes, le 28 juin, veille de la grande fête patriotique organisée par la *Jeune République* :

« Le général commandant la 9e division militaire, ayant refusé le concours de l'armée aux organisateurs de la fête qui doit avoir lieu dimanche, 29 juin, au Château des Fleurs, *au profit des Alsaciens-Lorrains*, espère que Messieurs les officiers s'abstiendront de s'y présenter et de profiter de l'invitation gratuite qui leur à été faite . »

! !

LÈO TAXIL.

Marseille. — Imp. Com. J. Bernheim, rue Moustiers, 7.